LÚCIA PEDROSA-PÁDUA

Maria e a Espiritualidade Cristã

Maria e o Espírito: jovialidade e envio
missionário diante dos desafios atuais

Maria na vida de Santa Teresa de Jesus:
pistas para a espiritualidade cristã

Coleção Escola de Maria 5

Direção editorial: Pe. Fábio Evaristo R. Silva, C.Ss.R.
Conselho editorial: Cláudio Anselmo Santos Silva, C.Ss.R.
Ferdinando Mancilio, C.Ss.R.
Gilberto Paiva, C.Ss.R.
José Uilson Inácio Soares Júnior, C.Ss.R.
Marcelo da Rosa Magalhães, C.Ss.R.
Victor Hugo Lapenta, C.Ss.R.
Coordenação editorial: Ana Lúcia de Castro Leite
Diagramação: Mauricio Pereira
Capa: Núcleo de Criação do Santuário Nacional

Dados Internacionais de Catalogação na Publicação (CIP) de acordo com ISBD

P372m   Pedrosa-Pádua, Lúcia

Maria e a espiritualidade cristã / Lúcia Pedrosa-Pádua. - Aparecida, SP : Editora Santuário, 2020.
56 p. ; 14cm x 21cm.

Inclui bibliografia e índice.
ISBN: 978-65-5527-001-3

1. Cristianismo. 2. Maria. 3. Espiritualidade. I. Título.

2020-383
CDD 240
CDU 24

Elaborado por Vagner Rodolfo da Silva - CRB-8/9410

Índice para catálogo sistemático:
1. Religião : Cristianismo 240
2. Religião : Cristianismo 24

1ª impressão

Todos os direitos reservados à **EDITORA SANTUÁRIO** – 2020

Rua Pe. Claro Monteiro, 342 – 12570-000 – Aparecida-SP
Tel.: 12 3104-2000 – Televendas: 0800 - 16 00 04
www.editorasantuario.com.br
vendas@editorasantuario.com.br

APRESENTAÇÃO

A professora Lúcia Pedrosa-Pádua nos oferece duas reflexões mariológicas, que se complementam como reflexão teológica e como testemunho de amor a Maria santíssima. A reflexão faz ecoar uma das Conferências, que foram oferecidas aos participantes do XIII Congresso Mariológico de 2019. A Profa. Lúcia partilhou com os congressistas o tema: "Maria e o Espírito, jovialidade e envio missionário diante dos desafios atuais", em que ela projetou a figura de Maria sobre os desafios atuais da Igreja, retomando os diagnósticos do Papa Francisco sobre o neopelagianismo e o neognosticismo na Igreja. Ela sublinhou também o risco da aporofobia na sociedade atual e dentro da nossa Igreja, como aversão ao povo pobre e à justiça social. Essa situação precisa ser confrontada com a jovialidade do Espírito Santo, que nos dá um coração capaz de amar. Eis a figura de Maria, a jovem que diz sim ao amor. Ela é cheia do Espírito ao longo de toda a sua vida. Seu olhar cotidiano é iluminado pela ação do Espírito e seu Magnificat anuncia uma Igreja jovial que constrói um mundo novo. Por isso, Maria é a guardiã da esperança, é a antítese aos desafios da Igreja, e ela nos ensina a sempre nos refazermos no Espírito, para continuar a jovialidade do amor. É de sua relação intensa com o Espírito que brota o Magnificat. Uma relação silenciosa e oculta, que a faz peregrinar na fé e, ao mesmo tempo, dinamizar as comunidades. Em tudo, o vínculo de amor de Deus com ela e dela com Deus cresceu sempre mais, até a perfeição pascal, que irradia e leva vida a todos, principalmente aos pobres.

A partir dessas considerações, a Profa. Lúcia nos descreve o testemunho de "Maria na vida de Santa Teresa de Jesus: pistas para a espiritualidade cristã". Como Maria, Santa Teresa foi uma mulher muito humana e cheia de Deus. Desde criança, Maria fez parte da experiência de sua vida, que substituiu a perda precoce de sua mãe. Nos momentos-chaves de sua vida, desde sua entrada no Carmelo até a luta pela reforma da vida consagrada, foi Maria que a assistia para sentir segurança em suas decisões e tornar-se uma mulher forte. Suas experiências místicas, que a conduzem a uma união esponsal com Deus, espelham-se em Maria, a Esposa de Deus, cuja relação de amor nos deu a humanidade de Jesus. Eis um ponto central na doutrina de Santa Teresa: a humanidade de Cristo e a humanidade de Maria, como caminho necessário para chegar à união mística com Deus. É também em Maria que Santa Teresa encontra a dignidade de ser mulher e cristã. Finalmente, para Santa Teresa, São José sempre está ao lado de Maria, e juntos a acompanham em sua missão reformadora. "Na escola de Santa Teresa, podemos nos abrir a uma experiência em que o amor à Mãe de Deus seja fonte de serviço e de compromisso... com uma fé comprometida com as reformas que a Igreja necessita para ser, de fato, sinal do amor e da maternidade de Deus em nosso mundo".

A Academia Maria de Aparecida agradece à Profa. Lúcia a publicação do n. 5 da Coleção "Escola de Maria", que nos ajuda a contemplar e a amar a Mãe de Jesus e nossa Mãe querida.

Pe. José Ulysses da Silva, C.Ss.R.

Diretor da Academia Marial de Aparecida

PRIMEIRA PARTE

MARIA E O ESPÍRITO: JOVIALIDADE E ENVIO MISSIONÁRIO DIANTE DOS DESAFIOS ATUAIS

INTRODUÇÃO

Este estudo, inserido na mariologia pneumatológica, deseja olhar para Maria na perspectiva da jovialidade e do dinamismo missionário que o Espírito imprime no ser e no caminhar da Mãe do Senhor. Ela é a jovem que acolheu o Espírito. Disse *sim* ao amor e teve os "olhos iluminados pelo Espírito Santo" (Papa Francisco).

Em nosso itinerário, iniciamos por alguns desafios que a Igreja nos propõe encarar com serenidade, porém, com firmeza e verdade: o neopelagianismo, o neognosticismo e a aporofobia. Em seguida, apresentaremos a relação entre Maria e o Espírito na perspectiva da jovialidade para, no terceiro momento, traçarmos um itinerário do Espírito na vida da Mãe de Jesus e suas consequências para a Igreja e a vida cristã. Finalizamos com o convite a, como Maria, renovarmos os vínculos de amor nas nossas relações, como cristãos, como comunidade e como seres humanos que compartilhamos o mistério do chamado de Deus à jovialidade da vida nova.

1. Desafios atuais da Igreja

A reflexão sobre a relação entre Maria e o Espírito adquire particular importância se temos como pano de fundo alguns dos desafios da Igreja e da sociedade. O apóstolo Paulo nos diz que o Espírito, se não for acolhido, pode ser apagado (1Ts 5,19-20). Consequências do fechamento ao Espírito são o envelhecimento da Igreja, a perda das esperanças e o esgarçamento dos vínculos humanos.

De forma particular, podemos citar três tendências religiosas e culturais de fechamento à vida nova no Espírito de Cristo, que têm sido objeto da preocupação do Papa Francisco: o neopelagianismo, o neognosticismo e a rejeição aos pobres (aporofobia).

O *neopelagianismo* é a tendência pela qual "o homem, radicalmente autônomo, pretende salvar-se a si mesmo, sem reconhecer que ele depende, no mais profundo do seu ser, de Deus e dos outros". Por isso, a salvação é confiada

> às forças do indivíduo ou a estruturas meramente humanas, incapazes de acolher a novidade do Espírito de Deus[1].

Ele pode manifestar-se na confiança na doutrina e na disciplina[2], no "cuidado exibicionista da liturgia, da doutrina e do prestígio da Igreja"; na satisfação de poder "mostrar conquistas sociais e políticas"; na "gestão de assuntos práticos, a atração pelas dinâmicas de autoestima e de realização autorreferencial, várias formas de se apresentar a si mesmo envolvido em uma densa vida social cheia de viagens, reuniões, jantares, recepções"; no ver a Igreja como uma empresa, um "funcionalismo empresarial, carregado de estatísticas, planificações e avaliações"[3]. Trata-se de um tremendo desafio para todos os cristãos e cristãs. É um *não* à novidade do Espírito, ao contrário do que fez Maria.

Por sua vez, o *neognosticismo* busca uma

> salvação meramente interior, fechada na própria pessoa. Importa apenas uma determinada experiência ou um série de raciocínios, porém, se esquece da ternura da "carne de Jesus".[4]

Substitui o amor concreto e o seguimento de Jesus por teorias e respostas para todas as perguntas da religião. Francisco chega a dizer que um sinal de não estar no bom caminho é "ter resposta para todas as perguntas"[5]. Esta forma de agir se disfarça em espiritualidade, porém trata-se de uma espiritualidade desencarnada. O que nos diria sobre isso a Mãe de Jesus, testemunha do mistério da Encarnação?

A *aporofobia*, por sua vez, é a aversão, temor e desprezo em relação ao *áporos* – pobres. Há uma tendência a excluir quem não tem nada a retribuir no contrato político, econômico e social; além de não ter com o que retribuir trazem, aparentemente, apenas problemas. Trata-se de uma palavra nova, cunhada pela filósofa espanhola Adela Cortina[6]; porém, sua realidade é antiga e não se coaduna com o Evangelho de Jesus. O desprezo aos pobres aparece na desqualificação de suas culturas e potencialidades, nos discursos de ódio, em crimes, no preconceito. Grande contradição é a aporofobia vivida por cristãos. Podemos nos perguntar: não foi a pobre de Nazaré a nos trazer Jesus, Filho e riqueza de Deus?

É diante desses desafios – o neopelagianismo, o neognosticismo e a aporofobia – que desejamos olhar para Maria, a jovem missionária que caminhou na força do Espírito. Na mãe do Senhor está a inspiração para encarar desafios com abertura ao Espírito de Deus, que jovializa e envia à missão.

2. Espírito e jovialidade

O Espírito jovializa porque é impulso irreprimível à vida nova em Cristo. E Maria, como nova criatura, tem muito a nos dizer.

2.1. A verdadeira juventude: um coração capaz de amar

Na noite da vigília pascal é lida a carta de Paulo aos Romanos. Ouvimos:

> nosso velho homem foi crucificado com Cristo (Rm 6,6a).

Outra carta paulina, aos Colossenses, reafirma a mesma ideia e nos convida a nos despojar do *homem velho* com suas práticas e a nos revestir do *homem novo*, que não cessa de ser renovado (Cl 3,9.10). A fonte e fundamento dessa *novidade* é o próprio Cristo que, no seu Espírito, suscita a vida nova, um novo agir e uma nova convivência.

A existência de cada batizado e também da Igreja é chamada a ser pascal, ou seja, uma passagem deste *homem velho*

– e também *mulher velha* – que espreita em cada um de nós, para uma nova realidade em nós e nas nossas relações. Esta realidade nova é chamada por Paulo de *vida nova*, ou de *homem novo/mulher nova*.

Em sua Exortação apostólica *"Christus vivit* – para os jovens e para todo o povo de Deus", Papa Francisco ressalta o significado do "revestir-se do homem novo", ou da juventude que sempre se renova (Cl 3,10). Paulo diz que significa ter

> sentimentos de misericórdia, de bondade, de humildade, de mansidão, de paciência, suportando-vos uns aos outros e perdoando-vos mutuamente, se alguém tiver razão de queixa contra outro (Cl 3,12-13).[7]

Isto significa, continua Francisco, "que a verdadeira juventude é ter um coração capaz de amar", de viver relações novas, as novas relações de Cristo, no seu Espírito. Ao contrário, "aquilo que envelhece a alma é o que nos separa dos outros"[8], o que nos aliena da natureza e o que nos dissocia do melhor de nós mesmos.

A Igreja vê em Maria a "nova criatura" que, no Espírito de Cristo, vive a "vida nova".[9] Muito jovem, ela disse, conscientemente, *sim* ao projeto de Deus de ser mãe do Salvador. Esta jovialidade foi vivida ao longo de toda a sua vida, em seu permanente deixar-se renovar pelo Espírito, em um coração capaz de amar.

2.2. Maria, a jovem que diz *sim* ao amor

Nos Evangelhos encontramos alguns jovens: o filho mais novo do pai misericordioso que deixa a casa em busca de aventuras (Lc 15,12-13); a menina adolescente, Talita, que Jesus toma pela mão e faz reviver (Mc 5,41); aquele homem que, desde a juventude, buscara fazer o bem mas, na hora da grande decisão – a de abrir mão de sua riqueza que o escravizava – não se sentiu capaz e foi embora triste – estava envelhecido (Mt 19,22); as jovens prudentes que mantêm as lâmpadas acesas (Mt 25,1-13).

Mas uma moça se destaca, e é Maria.

Que idade teria Maria ao ser chamada por Deus para ser a mãe do Salvador? Não sabemos, talvez treze, quatorze ou quinze anos, segundo o costume de seu tempo. Era muito jovem quando recebeu o anúncio do anjo. Com liberdade, não se autocensurou ao perguntar como seria esta maternidade (Lc 1,34), mas com toda disponibilidade disse "eis a serva do Senhor" (Lc 1,38).

Francisco comenta este *sim* de Maria realizado na juventude:

> Sempre impressiona a força do sim de Maria, jovem. A força daquele 'faça-se em Mim', que disse ao anjo.
> Foi uma coisa distinta de uma aceitação passiva ou resignada... distinta daquele

'sim que por vezes se diz: 'Bem; vamos ver no que vai dar'.
Maria não conhecia a frase 'vamos ver no que vai dar'.

Era determinada: compreendeu do que se tratava e disse sim, sem rodeios de palavras. ...

Foi o sim de quem quer comprometer-se e arriscar, de quem quer apostar tudo, sem ter outra garantia para além da certeza de saber que é portadora de uma promessa.[10]

E então Francisco pergunta ao seu leitor, jovem ou não: "Você se sente portador de uma promessa? Que promessa trago no coração para dar continuidade?"[11]

Certamente, a missão de Maria era difícil, mas a dificuldade não é motivo para um *não*. Também temos complicações quando somos covardes – a covardia paralisa, gera culpa e ressentimento. Continua Francisco:

Maria não comprou um seguro de vida! Maria embarcou no jogo e, por isso, é forte, é uma 'influenciadora', é a 'influenciadora' de Deus!

O sim e o desejo de servir foram mais fortes do que as dúvidas e dificuldades.[12]

A jovialidade é uma marca do Espírito, segundo a qual se renovam as capacidades do amor concreto e comprometido.

A vida de Maria – que viveu a *vida nova* – nos indica estes caminhos do amor, que são caminhos do Espírito.

3. Maria e o Espírito

Maria, a "cheia de graça", foi plena do Espírito Santo. Abraçada pelo Espírito desde o início da sua vida, ao tomar consciência de si, respondeu a Ele com todo o seu ser – sentimentos, corpo, mente, coração, atitudes, opções e decisões. Segundo o Concílio Vaticano II, ela é modelada pelo Espírito, que faz dela *nova criatura*.[13] Pelo Espírito, ao chegar o tempo da Encarnação, entrega toda a sua vida à pessoa e à obra de seu Filho. Assim, ela se torna irmã de todos os que acolhem o Espírito no empenho pela vinda do Reino de Deus[14].

A relação de Maria com o Espírito é intensa e profunda. O símbolo da sombra nos faz entender que ela é misteriosamente envolvida pelo Espírito:

> O Espírito Santo virá sobre ti e o poder do Altíssimo te cobrirá com a sua sombra (Lc 1,35).

O Espírito traz movimento interior, suscita e impulsiona a vida, a fé e o amor-serviço na vida de Maria, como um todo. Está presente

> não somente no processo de encarnação do Filho de Deus, mas também na sua fé, dando-lhe força para acolher o mistério divino, fazer-se serva e peregrinar como discípula do Senhor.[15]

Em Pentecostes, o Espírito vem descrito como vento impetuoso que desloca fronteiras conhecidas, inaugura a comunidade Igreja e se expande a todos os povos (At 2,1-2) – lá estava Maria, a participar deste evento e a implorar o Espírito. A sombra e o vento são símbolos que tornam visível a energia misteriosa que atua em Maria e que ela, fielmente, acolheu ativamente.

Veremos, a seguir, aspectos desta ação do Espírito e resposta de Maria, ao longo de toda a sua vida.

3.1. O Espírito ao longo da vida de Maria

Transparente e aberta ao Espírito, Maria deixou-se guiar pelo Espírito durante toda a sua vida. Assim como guiou Jesus no deserto (Lc 4,1) e como conduz os filhos de Deus (cf. Rm 8,14), assim o Espírito guiou Maria.

Na *Anunciação*, Maria dá o seu consentimento em ser mãe do Verbo encarnado, de forma livre, sustentada e inspirada pelo Espírito. Ela se torna Mãe de Jesus, a abraçar o desígnio salvador de Deus.

Na *Visitação*, Maria, a visitada pelo Espírito, visita. Na homilia no Santuário da Virgem da Caridade do Cobre, em Cuba, Francisco vê Maria como a mulher que é visitada (pelo Espírito) e que visita.[16] O Espírito como que a arranca para fora de si, à partilha e ao serviço, na visita a Isabel. Lina Boff os diz que estamos diante do "encontro de duas mulheres que fazem do seu mistério de vida uma explosão missionária"[17].

Trata-se de uma inspiração que faz ver a ternura como força revolucionária, cheia de afeto e alegria, que se manifesta como proximidade e compaixão. Por isso, no nosso hoje, a fé faz sair de casa, sair dos templos, sair das sacristias para acompanhar a vida e sustentar a esperança, lançar pontes, abater muros e semear a reconciliação.

Continuando o itinerário mariano.

Na *profecia do Magnificat*, Maria pronuncia com força "palavras inspiradas pelo 'Sopro' de Deus, interpretou a história da salvação a partir da 'lógica' de Deus e mostrou ser a 'pobre a Deus', sempre pronta a cumprir a vontade do Senhor"[18]. O Cântico do *Magnificat*, entoado por Maria grávida, é a expressão inspirada desses seus sentimentos, pois o Espírito a ilumina e instrui.

No *nascimento*, o Espírito a ajuda a perceber que aquele "seu" Menino, tão frágil, em situação tão pobre era o cumprimento das promessas feitas por Deus desde Abraão e Sara; era verdadeiramente o "santo e chamado /Filho de Deus" (Lc 1,35). Mas logo tem que se refugiar no Egito.

No *acompanhamento do crescimento de Jesus*, com momentos difíceis e misteriosos, Maria precisa meditar, interiorizar os acontecimentos para, cada vez mais profundamente, tomar consciência do alcance e significado deles (cf. Lc 2,19.49-51). Aí vemos o Espírito a possibilitar esta interiorização, discernimento e iluminação dos significados da história pessoal e de seu povo.

No *seguimento do próprio Filho*, na "peregrinação de fé"[19], o Espírito a leva a aprofundar no ser discípula de Jesus e também mãe de discípulos – lembremos de suas palavras nas Bodas de Caná: "Fazei o que Ele vos disser". Vemos em Maria um espírito humano em movimento, que aprende e doa, acolhe e distribui.

Aos *pés da cruz* – por especial assistência do Espírito, pronuncia novo *sim* na fé, na entrega de seu filho e se torna mãe daqueles pelos quais Cristo ofereceu a sua vida.

No *Cenáculo* – "uma grande epiclese"[20], pedido ao Espírito, vemos Maria implorando o Espírito que, na anunciação, já a tinha coberto com sua sombra.[21] Maria está presente no nascimento da Igreja fiel, missionária e sensível à interpelação dos povos.

Podemos acrescentar o *mistério da Assunção* – em que a Igreja crê que a vida da Mãe do Senhor é plenamente atravessada pelo Senhor da vida, ela, que viveu no Espírito sua vida terrena.

Resumindo: Maria se deixa conduzir pelo Espírito Santo em todos os momentos de sua vida. Olhando para ela, é possível apreender os caminhos do discernimento do Espírito na vida da Igreja e de cada cristão e cristã, rumo à jovialidade da vida nova.

3.2. A "jovenzinha com os olhos iluminados pelo Espírito Santo"

Na *Christus vivit*,[22] Maria é descrita com grandeza, como aquela jovem mulher habitada pelo Espírito. A alegria, a fortaleza e a fé são ressaltadas. Maria é:

- a donzela de alma grande que exultava de alegria (cf. Lc 1, 47)[23];

- a jovenzinha com os olhos iluminados pelo Espírito Santo, que contemplava a vida com fé e guardava tudo no seu coração (cf. Lc 2,19.51)[24];

- a mulher forte do 'sim', que apoia e acompanha, protege e abraça.[25]

Maria entra no olhar do seu Filho e viu com os olhos d'Ele. Cristo, pelo seu Espírito, foi luz para o seu caminhar.[26]

3.3. A ação do Espírito no cotidiano

A jovialidade do Espirito foi vivida por Maria, em grande parte, no cotidiano, em uma vida oculta, dedicada ao trabalho. Como tantas mulheres do seu tempo, ela pode ser vista como uma mulher forte, trabalhadora, com capacidade de lavrar a horta, cuidar dos animais domésticos, garantir e manter os alimentos e assar o pão. Providenciava as roupas usadas pela família e produzia cestos e louças de barro. Soube transmitir, oralmente, a cultura, as crenças e os valores da herança judaica a Jesus e a sua família ampliada. Forte, percorreu as montanhas da Judeia (visitação e nascimento) para dar à luz em um local cheio de dificuldades.[27]

Sua jovialidade foi vivida também no movimento de peregrinação interior, de buscas. Podemos ver Maria como uma buscadora, que conheceu a angústia, que não compreendeu tudo e que deve ter se perguntado muitas vezes pela razão das coisas "durante toda a sua existência e em cada uma das suas etapas, como os demais homens".[28] Teve que perguntar ao seu filho Jesus: "Filho, por que agiste assim conosco?... Teu pai e eu te procuramos cheios de angústia" (Lc 2,48). Os Evangelhos dizem, duas vezes, que ela não compreendeu o que lhe havia sido dito (Lc 2,33.50). A mãe de Jesus acolheu muitos acontecimentos em seu coração, para que, só mais tarde, este silêncio pudesse produzir uma compreensão, iluminada pelo Espírito (Lc 2,19.51). A jovialidade do Espírito une a vida interior com o colocar-se em movimento. Maria é por isso a nossa Senhora da prontidão[29], não se acomoda nem se deixa levar por ilusões, como nos fala o Papa Francisco:

> Não ficava quieta, punha-se continuamente a caminho: quando soube que sua prima precisava d'Ela, não pensou nos próprios projetos, mas "dirigiu-se às pressas para a montanha" (Lc 1,39).[30]

> ... sendo necessário proteger o seu menino, partiu com José para um país distante (cf. Mt 2,13-14).[31]

> Sem ceder a evasões nem miragens ... soube acompanhar o sofrimento do seu Filho (...), apoiá-lo com o olhar e protegê-lo com o coração.[32]

> ... permaneceu no meio dos discípulos reunidos em oração à espera do Espírito Santo (cf. At 1,14).[33]

... com a presença d'Ela, nasceu uma Igreja jovem, com os seus Apóstolos em saída para fazer nascer um mundo novo (cf. At 2,4-11).[34]

É no interior da humanidade de Maria, com sua alegria e sua dor, suas descobertas e sua obscuridade, seus condicionamentos socioculturais e humanos, sua interioridade e seu dinamismo que a força do Espírito age.[35] A partir de dentro de sua humanidade, Maria foi toda amor e fidelidade, um ser humano para Deus, a "cheia de graça", plena do Espírito, a sem pecado.

3.4. Sinais do Espírito na Igreja jovial que constrói um mundo novo

A comunidade cristã aprendeu a ler os sinais do Espírito na comunidade.[36] Podemos lê-los pensando em nossas comunidades e, como modelo da Igreja, em Maria, a mãe do Senhor.

O Espírito gera amor e vida, rompe escravidões (cf. Rm 8,10). Vemos em Maria aquela que acolhe o Espírito, guarda-o em seu coração, frutifica-o e o traduz em palavras, atitudes e atuações que amorizam e encaminham decisões que alteram situações de injustiça e escravidões.

O Espírito liberta e gera liberdade: "Onde está o Espírito do Senhor, aí está a liberdade" (2Cor 3,17). A liberdade do *sim* de Maria é seu sinal. Trata-se da liberdade para amar em meio à obscuridade e conflitos, de maneira pessoal e sem coações pelo medo, pelo castigo ou pela violência.

O Espírito ensina o que dizer (Lc 12,12; Mc 13,11). Na força do Espírito, Maria soube pronunciar o grande cântico da força de Deus nela e em seu povo, o Magnificat, e, ao mesmo tempo, soube o momento de se calar para acolher o mistério. Palavra e silêncio se fecundam na vida cristã, convidam ao discernimento e a diálogos que ajudam a crescer, levam a relações não dominadoras, superando discursos de ódio.

A força de quem possui o espírito de Cristo é a liberdade para amar (cf. Rm 8,2), como vemos na vida de Maria, que soube amar sempre, acompanhar Jesus até o fim; em todos os momentos, guardou os vínculos do amor e da impossível esperança.

Maria está presente naquele momento do nascimento da Igreja, em Pentecostes, juntamente com os discípulos, suplicando o Espírito que congrega, gera comunhão (Fl 2,1), leva à unidade e à paz (Ef 4,3).

O Espírito instrui e ensina a verdade: "Quando vier o Espírito da Verdade, ele vos conduzirá à verdade plena" (Jo 16,13). Nos evangelhos, vemos Maria sendo conduzida à verdade de seu Filho, por palavras e silêncios. A mãe se faz discípula do filho, torna-se mãe de discípulos, em Caná e, na cruz, é apresentada como mãe do discípulo amado, símbolo da Igreja.

O Espírito ajuda a interpretar a Palavra de Deus (2Cor 3,14-18) e também a ler a realidade (cf. 2Tm 3,16). Maria é a que escuta a Palavra e a põe em prática (cf. Lc 11,28). Vemos no Magnificat como Maria conhece a "lógica" de Deus que derruba os poderosos do seu trono e eleva os humildes; ela vê em si mesma um sinal desta atuação de Deus, que olha a sua humildade e a eleva. Um convite a discernir a "lógica" de Deus na história, em favor dos pequenos.

O Espírito fortalece, dá coragem e envia em missão para anunciar Cristo e seu Reino (At 4,31), fazendo do cristão uma "carta de Cristo" (2Cor 3,3). Maria, a carta mais perfeita do amor de Cristo, a mãe da Igreja que gera Cristo em nós.

O Espírito consola, faz orar (Ef 6,18); ele ora, geme, cria intimidade com Deus; une-se ao nosso espírito (Rm 8,15-16.26) e faz participar do mistério de Cristo (Rm 6,4-11; 8,11). Quem, mais que Maria, esteve compenetrada deste Espírito que a fez participar dos mistérios de Deus em seu filho, no mistério da Encarnação?

Assim, vemos como a vida de Maria é envolvida pela ação do Espírito, que ela acolhe, faz-se a Ele transparente e o manifesta em seu pensar, sentir e atuar. Trata-se de uma ação que renova e jovializa, porque instaura relações novas baseadas em verdade, liberdade e amor. Por isso, como testemunha viva, Maria continua, agora em sua existência gloriosa, a inspirar em seus filhos o discernimento dos caminhos do Espírito nas comunidades e no coração de cada cristão e cristã, no coração da Igreja.

3.5. Maria, a "guardiã da esperança"

Em perspectiva existencial,[37] o dom do Espírito nos diz que em toda situação, é possível rezar, pois o Espírito age em nós misteriosamente (Rm 8,26). Em toda situação é possível amar, pois o Espírito derrama em nossos corações o amor de Deus (Rm 5,5). Em toda situação é possível lutar e esperar como filhos de Deus, pois o Espírito testemunha isso (Rm 8,16), tirando o espírito de temor e escravidão. Em toda situação, até mesmo após abandonar e negar Jesus, é possível que uma comunidade se sinta perdoada, reconciliada, capaz de começar de novo, como aconteceu com a jovem Igreja. O Espírito do Cristo Ressuscitado abre caminhos de liberdade, amor e vida. Maria viveu esta esperança do Espírito em nível profundo, experimentou a vida nova que renasce da dor. Viveu até o fim da vida a jovialidade de manter os vínculos do amor e de guardar a esperança. Por isso Maria pode ser a "guardiã da esperança" e nos ensinar a sempre recomeçar, característica da jovialidade.

> É a grande guardiã da esperança (...). D'Ela, aprendemos a dizer 'sim' à paciência obstinada e à criatividade daqueles que não desanimam e recomeçam.[38]

Quem perdeu os sonhos e a capacidade de amar e se arriscar; quem não espera mais nada além de sua comodidade; quem cultiva as relações amargas de dominação, de desprezo, de "olhar de cima e de longe"; quem não se reveste da mulher nova, do homem novo que nos concede o espírito do Ressuscitado... esta pessoa envelheceu, deixou que a chama do Espírito se apagasse em si mesmo, não se deixou renascer.

Quem não reconhece e rompe os vínculos com a humanidade, especialmente o vínculo com os pobres e a com a casa comum, para isso cultiva discursos de ódio e de menosprezo, de dominação e de superioridade, perdeu os sonhos da nova criação e mata a esperança de um mundo novo.

CONCLUSÕES

Chegamos ao final deste estudo sobre Maria e o Espírito, na perspectiva da jovialidade e do dinamismo missionário. Algumas conclusões do estudo merecem ser ressaltadas.

1) Maria se apresenta como a antítese dos graves desafios por que passa a Igreja e nossa cultura, a aporofobia, o neognosticismo, o neopelagianismo. Contra a atitude da aporofobia, ela nos aponta para a grandeza de Deus que cumulou de bens os humildes e humilhados; contra o neognosticismo, seu amor é vivido no concretismo de seu corpo, de seu sangue e no amor-serviço; contra o neopelagianismo, vemos em Maria a entrega total à novidade do Espírito que ela não pode conter ou controlar.

2) Maria se deixa refazer, em cada momento de sua vida, pelo Espírito. Vemos em suas atitudes e relações um coração capaz de amar a Deus, a si mesma, a sua família e à família ampliada do Reino de Deus, que Jesus instaura. O seu *sim* tem caráter globalizante, arriscado, cheio de confiança e coragem. É um *sim* renovado ao longo da vida, que inclui o grave momento da cruz, da entrega do filho e do mergulho no mistério da esperança.

3) A relação entre Maria e o Espírito é intensa e profunda. Está presente na anunciação, em que se faz mãe e serve ao desígnio salvífico de Deus; na visitação, em que, na força do Espírito, sai em direção à casa de Isabel para o serviço

e para a partilha do mistério que a habita; no *Magnificat*, em que profetiza o amor de Deus que transtorna a lógica humana e manifesta o seu amor aos pobres e humilhados da terra; no nascimento de Jesus, em seu acompanhamento do filho durante a infância e adolescência, no seguimento de Jesus e acompanhamento até o fim, na cruz, vemos sua abertura e acolhida ao Espírito que a abraça, instrui, fortalece e renova. No cenáculo a vemos implorando o Espírito que já a tinha coberto com sua sombra, na anunciação. Enfim, Maria se deixa conduzir pelo Espírito em todos os momentos de sua vida, em total transparência. Em tudo, ela é a mulher "com os olhos iluminados pelo Espírito Santo".

4) O Espírito é silencioso e oculto em sua vida e trabalhos cotidianos; ele a conduz por buscas e peregrinações, ilumina-a em suas perguntas pela razão das coisas que não conseguia compreender imediatamente. O Espírito é também impulso de saída, de proteção, de fortaleza e comunhão. Mas é sempre ação no interior de uma humanidade concreta, única realidade a partir da qual Maria foi toda amor e fidelidade, a "cheia de graça".

5) Maria encarna os sinais do Espírito que as primeiras comunidades reconheceram no interior de seu dinamismo: estar a favor da vida e contra escravidões e dominações; liberdade para amar e atuar; discernimento no silêncio e qualidade nas palavras; amor audaz e esperançado; progresso na compreensão e vivência da fé; compreensão da Palavra e da "lógica" de Deus, mesmo em momentos de desconcerto

e conflitos; interiorização e oração; ser e realizar uma missão.

6) Diante dos desafios do nosso momento, vemos em Maria aquele ser humano que acolheu em si o vínculo de amor que Deus com ela estabeleceu. Vínculo que não foi enfraquecido ou apagado (cf. 1Ts 5,19-20). Nela, entrevemos a jovialidade a que a Igreja e todos os cristãos são chamados, em dinamismo pascal. A força, o amor e o frescor espelhados naquela que, como o Filho, amou e esperou até o fim, são como antídotos à atitude autossuficiente e autorreferencial do neopelagianismo; são capazes de interpelar o desprezo pela vida concreta dos homens e mulheres que sofrem, característica dos neognósticos; condenam a atitude aporófoba, ou de indiferença, desprezo e ódio para com os pobres de nossas cidades.

7) A figura de Maria convida a reconhecer e recriar os vínculos do amor:

- vínculos de amor consigo próprio, ao buscar, fazer perguntas, deixar-se desconcertar e questionar por Deus;

- vínculos de amor para com uma nova Igreja, mariana e em saída, que se deixa renovar e que se dispõe a, no Espírito pascal, fazer nascer um mundo novo; Maria é o "grande modelo para uma Igreja jovem, que deseja seguir Cristo com frescor e docilidade"[39];

- como Maria, "a jovenzinha com os olhos iluminados pelo Espírito Santo", que contemplava a vida com fé e guardava tudo no seu coração, a Igreja pode ter os olhos iluminados para reconhecer os vínculos com os pobres e humilhados da terra, na defesa de seus direitos à vida, à superação da pobreza, à liberdade de viver segundo seus valores culturais;

- com Maria, aquela que cuidou de Jesus, temos a inspiração para cuidar dos vínculos com a casa comum segundo a ecologia integral.

Entoemos, com ela, o *Magnificat* da alegria, da liberdade e da profecia do Espírito.

NOTAS

[1] CONGREGAÇÃO PARA A DOUTRINA DA FÉ. *Placuit Deo*, n. 3.

[2] PAPA FRANCISCO. *Evangelii Gaudium*, n. 94.

[3] PAPA FRANCISCO. *Evangelii Gaudium*, n. 95.

[4] CONGREGAÇÃO PARA A DOUTRINA DA FÉ. *Placuit Deo*, n. 3.

[5] PAPA FRANCISCO. *Gaudete et Exsultate*, n. 41.

[6] CORTINA. *Aporofobia*, p. 22-27.

[7] PAPA FRANCISCO. *Christus Vivit*, n. 13.

[8] PAPA FRANCISCO. *Christus Vivit*, n. 13.

[9] CONCÍLIO VATICANO II. *Lumen Gentium*, n. 56.

[10] PAPA FRANCISCO. *Christus Vivit*, n. 44.

[11] PAPA FRANCISCO. *Christus Vivit*, n. 44.

[12] PAPA FRANCISCO. *Christus Vivit*, n. 44.

[13] CONCÍLIO VATICANO II. *Lumen Gentium*, n. 56.

[14] Cf. JOHNSON. *Nossa verdadeira irmã*, p. 139.

[15] MURAD. *Maria toda de Deus e tão humana*, p. 84.

[16] PAPA FRANCISCO. *A mãe da caridade*, p. 35-38.

[17] BOFF. *Mariologia*, p. 41.

[18] COMISSÃO TEOLÓGICO-HISTÓRICA DO GRANDE JUBILEU DO ANO 2000. *Senhor, a terra está repleta do teu Espírito*, p. 78.

[19] CONCÍLIO VATICANO II. *Lumen Gentium*, n. 58.

[20] COMISSÃO TEOLÓGICO-HISTÓRICA DO GRANDE JUBILEU DO ANO 2000. *Senhor, a terra está repleta do teu Espírito*, p. 79.

[21] CONCÍLIO VATICANO II. *Lumen Gentium*, n. 59.

[22] PAPA FRANCISCO. *Christus Vivit*, n. 45-47.

[23] PAPA FRANCISCO. *Christus Vivit*, n. 46.

[24] PAPA FRANCISCO. *Christus Vivit*, n. 46.

[25] PAPA FRANCISCO. *Christus Vivit*, n. 45.

[26] Cf. PAPA FRANCISCO. *Lumen Fidei*, n. 60.

[27] Cf. JONHSON. *Nossa verdadeira irmã*, p. 250-257.

[28] RAHNER. *María, madre del Señor*, p. 103.

[29] PAPA FRANCISCO. *Evangelii Gaudium*, n. 288.

[30] PAPA FRANCISCO. *Christus Vivit*, n. 46.

[31] PAPA FRANCISCO. *Christus Vivit*, n. 47.

[32] PAPA FRANCISCO. *Christus Vivit*, n. 45.
[33] PAPA FRANCISCO. *Christus Vivit*, n. 47.
[34] PAPA FRANCISCO. *Christus Vivit*, n. 47.
[35] Cf. PEDROSA-PÁDUA. Itinerários de Maria, p. 327-329.
[36] Cf. MESTERS. Descobrir e discernir o rumo do espírito, p. 81-112.
[37] Cf. ROVIRA BELLOSO. *Tratado de Dios*, p. 485ss.
[38] PAPA FRANCISCO. *Christus Vivit*, n. 45.
[39] PAPA FRANCISCO. *Christus Vivit*, n. 43. Cf. PEDROSA-PÁDUA. Uma Igreja mariana no magistério do Papa Francisco.

REFERÊNCIAS BIBLIOGRÁFICAS

BOFF, Lina. *Mariologia*. Interpelações para a vida e para a fé. Petrópolis: Vozes, 2007.

COMISSÃO TEOLÓGICO-HISTÓRICA DO GRANDE JUBILEU DO ANO 2000. *Senhor, a terra está repleta do teu Espírito*. São Paulo: Paulinas, 1997.

CONCÍLIO VATICANO II. Constituição dogmática *Lumen Gentium* sobre a Igreja. Acessível on-line em: <http://www.vatican. va/archive/hist_councils/ii_vatican_council/documents/vat-ii_ const_19641121_lumen-gentium_po.html>. Acesso em 10/5/19.

CONGREGAÇÃO PARA A DOUTRINA DA FÉ. Carta sobre alguns aspetos da salvação cristã *Placuit Deo* (22 de fevereiro de 2018). Disponível on-line em: <http://www.vatican.va/roman_curia/congregations/cfaith/documents/rc_con_cfaith_doc_20180222_placuit-deo_po.html>. Acesso em 10/3/18.

CORTINA, Adela. *Aporofobia*, el rechazo al pobre. Un desafio para la democracia. Barcelona/ Buenos Aires / México: Paidós, 1ª ed. 2017, 2ª reimpr. 2018.

JOHNSON, Elizabeth A. *Nossa verdadeira irmã*. Teologia de Maria na comunhão dos santos. São Paulo: Loyola, 2006.

MESTERS, C. Descobrir e discernir o rumo do espírito: uma reflexão a partir da Bíblia. In: FABRI DOS ANJOS, Márcio (Org.). *Sob o fogo do Espírito*. São Paulo: Paulinas/SOTER, 1998, p. 81-112.

MURAD, Afonso. *Maria toda de Deus e tão humana*. Compêndio de Mariologia. São Paulo/Aparecida: Paulinas/Santuário, 2012.

PAPA FRANCISCO. A mãe da caridade. Homilia no Santuário da Virgem da Caridade do Cobre, Santiago de Cuba, em 22/9/15. In: *A Virgem Maria segundo o Papa Francisco*. Coleção Theotokos, volume 14, Brasilia: CNBB, 2016, p. 35-38.

PAPA FRANCISCO. Exortação apostólica *Christus vivit*. Para os jovens e para todo o povo de Deus. São Paulo: Paulus, 2019.

PAPA FRANCISCO. Exortação apostólica *Gaudete et exsultate*. Sobre a chamada à santidade no mundo atual. São Paulo: Paulinas, 2018.

PEDROSA-PÁDUA, Lúcia. Itinerários de Maria. Inspiração para uma Igreja "em saída". *Convergência* 481, ano L, maio 2015, p. 321-335.

PEDROSA-PÁDUA. Lúcia. Uma Igreja mariana no magistério do Papa Francisco. Chaves de renovação para uma "Igreja em saída". In: Almeida, J.C. *Uma leiga chamada Maria*. Aparecida: Santuário, 2019, p. 139-171.

RAHNER, K. *María, madre del Señor*. 2ª ed. Barcelona: Herder, 2011.

ROVIRA BELLOSO, J. M. *Tratado de Dios, uno y trino*. Salamanca: Secretariado Trinitario, 1998.

SEGUNDA PARTE

MARIA NA VIDA DE SANTA TERESA DE JESUS: PISTAS PARA A ESPIRITUALIDADE CRISTÃ

INTRODUÇÃO

Santa Teresa, mulher muito humana e toda de Deus

Santa Teresa de Jesus foi uma mulher vibrante e atuante no seu tempo histórico. Falamos aqui da Santa nascida na cidade de Ávila, Espanha, no século XVI. Personagem importante na ação reformadora da Igreja em seu tempo, por meio da fundação da Ordem Carmelita Descalça e da redação de várias obras. Dentre seus escritos, encontramos a sua autobiografia, intitulada o *Livro da Vida*; uma orientação para a vida de oração, o *Caminho de Perfeição* e sua obra mais madura e doutrinal, o *Castelo Interior ou Moradas*. Deixou-nos também poesias e um espetacular epistolário. Sua linguagem é atraente, marcada por imagens e símbolos que atravessam os séculos. Em 1970, foi declarada Doutora da Igreja por São Paulo VI, papa.

Os leitores e leitoras de hoje podem ler com facilidade a obra de Santa Teresa, editada nos principais idiomas do mundo. No Brasil, há ótimas traduções e edições críticas tornadas acessíveis pelas editoras brasileiras. Ali, os leitores verão um testemunho da espiritualidade cristã capaz de atrair buscadores de todas as religiões e, até mesmo, de pessoas sem religião e ateus. Podemos ver como Teresa, diante dos inúmeros desafios em seu tempo, soube viver e deixar uma espiritualidade capaz de formar "amigos fortes de Deus" (*Livro da Vida*, cap. 15,5) por meio da oração, de relações humanas densas em verdade e da ação amorosa, determinada e criativa em favor da Igreja e da sociedade. Teresa de Jesus testemunhou, em sua vida e obra, que a oração, enquanto "amizade com aquele que sabemos que nos ama" (*Livro da Vida*, cap. 8,5), é um caminho de humanização e de encontro com Deus.

No caminhar e nas obras desta Santa admirável, vemos a forte presença de Maria, por meio de um itinerário cheio de fé, de entrega, de fortaleza e de humanidade. Esta experiência pode inspirar também a nós, hoje, em nossa relação com a Mãe de Jesus.

1. Maria na experiência da jovem Teresa

A Mãe de Jesus está profundamente ligada à vida da Santa de Ávila, a tal ponto que podemos afirmar, juntos com outros estudiosos, que Teresa tem uma alma mariana. Esta ligação se aprofunda quanto mais cresce a sua sensibilização para com o Evangelho, a Humanidade de Jesus e a ação apostólica na Igreja.

A própria Teresa nos conta, no início de sua autobiografia, o *Livro da Vida*, que, quando criança, sua mãe lhe transmitira a devoção ao rosário. D. Beatriz é descrita como mulher de "grandíssima honestidade", "muito pacífica e de grande entendimento". Devota dessa oração, a mãe de Teresa estendera esta devoção a toda família. Testemunhos afirmam que, até o fim de sua vida, a Santa rezava o rosário todos os dias.

Na adolescência, vemos um despertar mariano na vida da pequena Teresa. Este se dá com a morte de sua mãe. Vejamos como ela mesma nos conta:

> Recordo-me de que, quando minha mãe morreu, eu tinha doze anos, ou um pouco menos. Quando comecei a perceber o que havia perdido, fui aflita a uma imagem de Nossa Senhora e suplicava-lhe, com muitas lágrimas, que fosse ela a minha mãe (Livro da Vida, cap. 1,7).

Teresa pede a Nossa Senhora que fosse sua mãe, é o que vemos acima. Aprofunda-se aqui uma relação filial que se desenvolve ao longo de toda a vida da Santa. Quando ela, aos cinquenta anos, olha para a sua adolescência, constata como este pedido foi atendido:

> Parece-me que, embora o fizesse com simplicidade, isso me tem valido; porque reconhecidamente tenho encontrado essa Virgem soberana sempre que me encomendo a ela e, enfim, voltou a atrair-me a si (Livro da Vida, cap. 1,7).

Como Maria atraiu Santa Teresa para si? Por vários caminhos, como veremos.

2. A presença de Maria em momentos-chaves da vida de Santa Teresa

De fato, como visto acima, Teresa constata que Maria a atraiu para si. Para além de ver Maria como intercessora para alcançar alguma coisa, Teresa se colocou, a si própria, sob a intercessão mariana. Ao longo da sua história, podemos encontrar a "Virgem soberana" em momentos chaves. Destacamos alguns deles para que se perceba como a presença de Maria se entrelaça com a vida de Teresa e a acompanha maternalmente.

Começamos com a entrada de Teresa no mosteiro da Encarnação como religiosa que viveria, ali, uma consagração a Deus por meio de uma referência explícita a Maria. A inspiração e a espiritualidade da Regra do Carmelo são marianas e Teresa irá se referir às religiosas e a si mesma como filhas da Virgem, à Regra do Carmelo como Regra de nossa Senhora, ao hábito acolhido como hábito da Virgem. Trazer o hábito da Virgem do Monte Carmelo significa filiação e confiança com relação à Mãe de Deus e tê-la como patrona imprime um alto ideal na vida da comunidade religiosa teresiana.

A sua vocação como fundadora da nova família religiosa virá como que sancionada e fortalecida por Maria. Em uma especial graça mística, extraordinária, narrada no *Livro da Vida* (cap. 33,14-15), Teresa testemunhará a presença forte da Virgem confirmando-a e declarando-a apta para a fundação que abria um novo caminho na Igreja.

No início do seu magistério espiritual no novo grupo por ela fundado, ao escrever *Caminho de Perfeição*, eis que Maria a inspira por ser mulher forte, a fundamentar a fortaleza da nova Ordem. Ao olhar para Maria, Teresa a percebe como testemunho no amor e na fé – uma fé "mais forte que a dos homens". Assim sendo, Teresa nos mostra como Maria eleva o ideal do papel das mulheres na Igreja, em um contexto em que elas não são reconhecidas pelos homens, que são "juízes do mundo que como são filhos de Adão e enfim todos varões, não há virtude de mulher que não tenham por suspeita" (*Camino de Perfección*, El Escorial, cap. 4,1).

Na vida mística de Teresa, ali está Maria. Em suas vivências profundas, Santa Teresa testemunha uma forma intensa de experiência de fé, de seus conteúdos e significados; ela adentra no abismo da alma para ali encontrar a Deus ao mesmo tempo em que encontra o melhor de si e de suas capacidades. Nesta profundidade de vida, Teresa, sem deixar as devoções e expressões populares de sua fé, faz-se contemplativa do mistério de Maria e parece que entra na própria interioridade da Virgem ao exclamar:

> Ó *Senhora minha, com que certeza* se pode entender por Vós o que se passa entre Deus e a Esposa, tal como o dizem os Cânticos (*Conceitos do Amor de Deus*, cap. 6,8).

Na exclamação acima, Maria é vista por dentro, como aquela mulher transformada pelo amor, identificada com a Esposa do *Cântico dos Cânticos*.

3. Um ponto central: a humanidade de Maria, ressaltada pela Humanidade sagrada de Jesus

Um ponto central na vida e na doutrina da Doutora de Igreja é a Humanidade de Cristo, que faz contemplar e admirar também a humanidade de Maria. Sabemos como a oração é definida por Santa Teresa de maneira humana e relacional, como uma relação de amizade e amor:

> Para mim, a oração mental não é senão tratar de amizade – estando muitas vezes tratando a sós – com quem sabemos que nos ama (Livro da Vida, cap. 8,5).

Teresa convida a olhar para aquele Jesus dos Evangelhos, que viveu, sofreu, morreu e ressuscitou. Convida a entrar em empatia com ele, contemplá-lo, falar e conversar com ele, e assim estabelecer uma relação que acompanha a pessoa em todos os momentos da própria vida, quer sejam alegres, ou tristes e desafiadores. A Humanidade sagrada de Jesus é o caminho para se descobrir a vontade de Deus nas circunstâncias concretas de existência. Ele é o "bom amigo" que se faz sempre presente, que auxilia e encoraja nos momentos em que o medo e a desconfiança parecem vitoriosos. Jesus nunca falta, pois é "amigo verdadeiro". É também a "porta" pela qual devemos entrar, se quisermos nos aproximar dos segredos de Deus. Enfim, é por meio de sua "Humanidade sagrada" que "recebemos todos os bens" (*Livro da Vida*, cap. 22, 6). Para se chegar a Deus, esta Humanidade é o único caminho a ser trilhado, mesmo que a pessoa esteja muito adiantada na oração:

> Não queira outro caminho, mesmo que esteja no cume da contemplação (Livro da Vida, cap. 22).

Assim sendo, a espiritualidade de Santa Teresa é determinada pela forte experiência de união com Deus que passa pela encarnação e Humanidade de Cristo. Quando nos unimos a Jesus Mestre e Amigo e testemunhamos esta união pelo amor aos irmãos, estamos unidos a Deus. Por isso, as dimensões humana e corpórea da vida contam muito na verdadeira espiritualidade cristã. Elas são decisivas para se entender e seguir a Deus:

> Não somos anjos, temos corpo (Livro da Vida, cap. 22).

Ora, a figura de Maria deve ser vista também em relação a esta Humanidade de Jesus, dentro desta humanidade, vivida nesta vida terrena, no corpo e nas circunstâncias concretas da vida, atestada nos Evangelhos. Tentar escapar desta humanidade é impossível e, mais do isso, é um erro:

> Grande erro é não trazer presente a Humanidade de nosso Senhor e salvador Jesus Cristo, e sua Paixão e vida, e sua gloriosa Mãe e santos (6 Moradas, cap. 7, tít.).

Santa Teresa não separa Maria em duas pessoas – como não raras vezes acontece na espiritualidade cristã. Segundo esta visão equivocada, a Mãe de Deus, glorificada e intercessora nos céus, em nada (ou pouco) se relaciona com a mãe terrena de Jesus, que ouviu e colocou em prática as palavras de seu Filho (cf. Lc 11,28), com Ele caminhou até a cruz e esperou com os apóstolos o Espírito Santo. A Doutora da Igreja vê a figura de Maria de maneira correta e integrada: Maria acolheu a graça de Deus, amou e viveu a fé no Filho, aqui, na terra; por isso, está glorificada no céu, unida a Deus, conhece os seus segredos e nos acompanha como Mãe. De sua plenitude no céu, Maria nos ajuda a crescer em humanidade verdadeira aqui na terra, onde acolheu a Deus em toda a sua humanidade, corpo, mente e espírito.

4. Em Maria, Teresa encontra a dignidade de ser mulher e cristã

Santa Teresa parece que entra no coração e no sentir de Maria, mulher da humildade, do serviço, da oração, do louvor, da dor, do amor, da sabedoria, da fé e da fortaleza. Ressaltamos aqui as características marianas do amor, da fé e da fortaleza, fundamentais para a Santa de Ávila.

Forte no amor, firme na fé

Maria é, para Santa Teresa, modelo de seguimento de Cristo até a cruz, por isso é modelo para a vida cristã, particularmente para as mulheres. Teresa contempla, com admiração, a vida de Maria narrada nos Evangelhos. De forma especial, admira sua fé nos momentos difíceis da cruz. E, também admirada, vê como Jesus valoriza o amor e a fé das mulheres:

> Quando andavas pelo mundo, Senhor, não desprezastes as mulheres; ao contrário, sempre as favorecestes com piedade e encontrastes nelas muito amor e mais fé que nos homens, pois estava vossa santíssima mãe... (Caminho de Perfeição, El Escorial, cap. 4,1).
> Sua Mãe Santíssima estava firme na fé, sabia que [Jesus] era Deus e homem (6 Moradas, cap. 7,14).

Santa Teresa sabe como é difícil ser mulher cristã, em um contexto em que as mulheres são muitas vezes desqualificadas. Ela mesma vai descrever o seu, na oração constante no livro *Caminho de Perfeição* (*El Escorial*, cap. 4,1), como um tempo em que as mulheres não ousam "falar algumas verdades" que choram "em segredo". Elas estão "encurraladas e incapazes", o que fazem por Cristo não é válido em público e os homens, "juízes do mundo", suspeitam de toda "virtude de mulher". Tempos difíceis...

Mas, ainda assim, ela é animada e fortalecida por Cristo, na consciência de que Ele não desprezara as mulheres, as favorecera e encontrara nelas muito amor e "mais fé" que nos homens. O exemplo? Maria.

Mulher cheia de fortaleza

Santa Teresa destaca em Maria também a sua fortaleza diante da cruz:

> Que não deveria passar a gloriosa Virgem ao pé da cruz! (Caminho de perfeição, cap. 26,8). Estava ao pé da cruz e não dormindo, mas com alma padecente e morrendo dura morte (Conceitos do Amor de Deus, cap. 3,11).

A andarilha de Ávila compreende, com a própria vida, como os que andaram perto de Cristo tomaram para si grandes trabalhos, por serem golpeados pelo medo e ódio dos que rejeitam o amor. Maria é mulher que entende de dor porque passou por ela; compreende o sofrimento do filho e do mundo. Agora, gloriosa, nos acompanha no sofrimento e na superação deste sofrimento pelo amor que tanto soube viver.

A experiência de Santa Teresa nos pode dizer hoje que Maria é o modelo de um amor, uma fé e uma fortaleza vividos em autenticidade e coragem, a abrir caminhos de santidade em contextos difíceis e adversos. O amor, a fé e a fortaleza de Maria estimularam Teresa a descobrir a dignidade da mulher na Igreja e sua importância em abrir caminhos novos e testemunhar a força do Evangelho na Igreja de seu tempo; em nosso contexto, estas virtudes de Maria continuam a nos fortalecer e estimular.

5. Das grandes visões marianas às simples cantigas de Natal: Maria sempre presente

As grandes visões

As visões marianas são percepções internas fortes da presença de Maria, que marcam a vida de Santa Teresa. Não são visões captadas pelo sentido do olhar, pois elas acontecem de maneira misteriosa, no interior pessoal. No entanto, deixam uma marca profunda da ação divina, que reorienta ou confirma os rumos da vida. Como experiência pessoal, nunca são esquecidas. Teologicamente, dizemos que elas põem em manifesto o amor de Deus, por meio de Maria, na história de salvação vivida pela Igreja ou por uma pessoa, como é o caso de Santa Teresa.

Temos uma narrativa que se destaca na obra teresiana e se encontra em sua autobiografia, o *Livro da Vida* (cap. 33, 14-15). O contexto são os acontecimentos que precederão a primeira fundação teresiana, o Carmelo de São José, em Ávila. Conta-nos Teresa que, em uma capela em que se celebrava o dia de N. Sra. da Assunção, ela, Teresa, se viu na presença de Nossa Senhora e de São José, e eles como que a cobriram "com uma roupa de grande brancura e esplendor", dando-lhe a entender que ela estava "purificada dos seus pecados". Depois, tomando-a pela mão, Nossa Senhora manifestou-lhe contentamento na fundação que se faria, dizendo que, ali, seriam muito bem servidos o Senhor, ela e São José, que eles guardariam a fundação e o Filho andaria "ao nosso lado" [os membros da primeira fundação]. Como sinal, adorna Teresa com um colar de ouro e pedras, com uma cruz pendida.

A narrativa mostra uma experiência que chega ao fundo do coração de Teresa e de sua história: o perdão, o toque nas mãos de fundadora, o aval para a fundação, a promessa de acompanhamento, um sinal da verdade. Teresa não poderia estar mais fortalecida para sua missão de fundadora. Além disso, e como se não bastasse, Teresa como que vê a Virgem glorificada, e também São José, esse por outro modo de visão, e os vê subirem ao céu – uma verdadeira participação na realidade da festa litúrgica de N. Sra. da Assunção.

Esta mariofania não é a única narrada por Santa Teresa. Em outros momentos, ela como que vê a sua comunidade orante amparada sob o manto de Nossa Senhora (*Livro da Vida*, cap. 36,24). Estas e outras graças mística têm repercussões em sua pessoa, em sua tarefa de escritora e em sua ação fundadora.

As cantigas de Natal e festas

As cantigas de Natal, que retratavam a cena do presépio – villancicos – eram e são cantados com alegria nos conventos, em que se levava uma vida simples. São poemas leves e populares, transbordantes de alegria e carinho para com o Menino que nos vem. Santa Teresa desejava que estes villancicos fossem bem feitos e de boa qualidade e foi, também ela, autora destes poemas. Neles, várias vezes a figura de Maria é lembrada e ali transbordam o carinho, a leveza e o louvor à jovem mãe de Jesus. Um rápido olhar para este conjunto de poemas nos mostra Teresa referindo-se a Maria como:

linda zagala (XII);
zagala tão serena (XIV);
filha do Eterno Pai, reluz como uma estrela (XIV);
nossa grande Amada (XVII).

Assim sendo, vemos a presença constante de Maria na vida, na consciência e nas experiências de Santa Teresa, sejam elas as elevadas experiências místicas, ou sejam os populares e alegres *villancicos*. Além disso, vemos em sua obra como ela sempre festejou as festas marianas; como vimos acima, sua visão de Maria e José se dá na festa de N. Sra. da Assunção e, como esta, também outras experiências se dão em dias de festas marianas. Nestas vivências e experiências, podemos perceber a que ponto chega a alma mariana de Santa Teresa.

6. Maria unida a José

Sabemos como Santa Teresa é uma das grandes responsáveis pela propagação da devoção a São José no Ocidente. De fato, a Santa verá nele um amigo e aliado em suas fundações e sua primeira fundação é dedicada a esse Santo.

Vimos acima a presença de São José na mariofania em que ambos, Maria e José, vestem o manto branco em Santa Teresa e lhe prometem proteção e presença. Teresa recomenda a devoção a São José, vê este patriarca ligado a Nossa Senhora e afirma sua ajuda para a vida e até mesmo para o ensino da oração:

> ... verá por experiência o grande bem que é encomendar-se a este glorioso patriarca e ter-lhe devoção. Em especial, pessoas de oração sempre deveriam ser a ele aficionadas. Não sei como se pode pensar na Rainha dos anjos no tempo em que tanta angústia passou com o Menino Jesus, sem se dar graças a São José pela ajuda que lhes prestou. Quem não encontrar mestre que ensine a rezar, tome por mestre este glorioso Santo, e não errará no caminho (Livro da Vida, cap. 6,8).

Conclusões para a espiritualidade cristã

Podemos nos aproximar de Santa Teresa como uma mestra que nos inspira, por meio de sua vida e de sua obra, a aprofundarmos na dimensão mariana de nosso ser cristãos e cristãs hoje. A humanidade que transborda em sua obra nos afirma que se trata de um bom caminho. A figura de Maria está como que trançada com a vida de Santa Teresa desde a infância, passa pela adolescência e se aprofunda ao longo da vida. Esta relação se faz por múltiplas vias e ilumina os caminhos pelos quais acontece também na espiritualidade cristã. A relação com Maria se faz:

a) pela oração simples e entrega filial, presentes na infância e adolescência, e que amadurecem nas outras etapas da vida;

b) pela observação atenta da humanidade de Maria nos Evangelhos, que se manifesta nas virtudes, atitudes e ações da mãe de Jesus;

c) pela articulação entre a Maria terrena, narrada nos Evangelhos, e a Virgem soberana, nos céus – esta articulação faz parte do mistério de Maria, da espiritualidade de Santa Teresa e da espiritualidade cristã;

d) pela contemplação da relação que une Maria e José;

e) pela vida mística, em que experiências interiores aprofundam a presença inspiradora de Maria na existência cristã;

f) pela contemplação do amor experimentado por Maria, ou seja, pela intuição da própria vida interna da Mãe de Jesus;

g) pela celebração alegre e simples de Maria na liturgia e nas festas.

Na vida cristã, como na experiência de Santa Teresa de Jesus, a presença de Maria inspira:

a) o seguimento de Jesus em fortaleza no amor, firmeza na fé e esperança nas adversidades;

b) a afirmação da dignidade de todas as mulheres, especialmente diante de situações de desqualificação e de abuso de poder por parte dos varões;

c) um elevado ideal do papel das mulheres na Igreja;

d) a existência cristã vivida com audácia e criatividade.

Na escola de Santa Teresa, podemos nos abrir a uma experiência em que o amor à Mãe de Deus seja fonte de serviço e compromisso com a humanização de nossos contextos, com a valorização das mulheres e das famílias, com uma fé comprometida com as reformas que a Igreja necessita para ser, de fato, sinal do amor e da maternidade de Deus em nosso mundo.

Lúcia Pedrosa-Pádua

Lúcia Pedrosa-Pádua é doutora em teologia sistemática pela PUC-Rio, onde é pesquisadora e professora em tempo contínuo. Atua nas áreas de Antropologia Teológica, Mariologia e Espiritualidade. Graduada em teologia pela Faculdade Jesuíta de Filosofia e Teologia – FAJE (Belo Horizonte, MG) e em Economia pela UFMG. Coordena o Ataendi, Centro de Espiritualidade da Instituição Teresiana no Brasil, dedicado à formação de cristãos leigos e leigas e trabalha na ação pastoral junto a comunidades.

BIBLIOGRAFIA

SANTA TERESA DE JESUS. *Obras Completas*. (Coord. Frei Patricio Sciadini; trad. texto estabelecido por T. Álvarez). São Paulo: Carmelitanas/Loyola, 1995.

SANTA TERESA DE JESUS. Camino de Perfección, Códice de El Escorial. In: *Obras Completas* (Dir. Alberto Barrientos; com revisão textual, introduções e notas). 4. ed. Madrid: Editorial de Espiritualidad, 1994, p. 521-655.

ALVAREZ, Tomás. María Madre y Modelo desde la experiencia mariana de Teresa de Jesus. In: *Estudios Teresianos*. v. III. Burgos: Monte Carmelo, 1996, p. 373-385.

GARCIA, Ciro. *Santa Teresa de Jesús. Nuevas claves de lectura*. Burgos: Monte Carmelo, 1998.

MARTIN DEL BLANCO, Mauricio. "María Santísima". In: ALVAREZ, Tomás (Dir.). *Diccionario de Santa Teresa. Doctrina y Historia*. Burgos: Monte Carmelo, 2002, p. 437-444.

PEDROSA-PÁDUA, Lúcia. *Santa Teresa de Jesus. Mística e humanização*. São Paulo: Paulinas, 2015.

ÍNDICE

Apresentação 3

Primeira parte

**Maria e o Espírito: jovialidade e envio
missionário diante dos desafios atuais** 7

Introdução 9

1. Desafios atuais da Igreja 9

2. Espírito e jovialidade 12

    2.1. A verdadeira juventude: um coração
    capaz de amar 12

    2.2. Maria, a jovem que diz *sim* ao amor 14

3. Maria e o Espírito 16

    3.1. O Espírito ao longo da vida de Maria 17

    3.2. A "jovenzinha com os olhos iluminados
    pelo Espírito Santo" 19

    3.3. A ação do Espírito no cotidiano 20

    3.4. Sinais do Espírito na Igreja jovial
    que constrói um mundo novo 22

    3.5. Maria, a "guardiã da esperança" 24

Conclusões 27

Notas 31

Referências bibliográficas 33

Segunda parte

**Maria na vida de Santa Teresa de Jesus: pistas
para a espiritualidade cristã**.................... 35

Introdução: Santa Teresa, mulher muito humana

e toda de Deus... 37

1. Maria na experiência da jovem Teresa.............. 38

2. A presença de Maria em momentos-chaves da

vida de Santa Teresa 40

3. Um ponto central: a humanidade de Maria,

ressaltada pela Humanidade sagrada de Jesus 42

4. Em Maria, Teresa encontra a dignidade

de ser mulher e cristã.................................... 44

Forte no amor, firme na fé........................... 44

Mulher cheia de fortaleza............................ 46

5. Das grandes visões marianas às simples

cantigas de Natal: Maria sempre presente.......... 47

As grandes visões... 47

As cantigas de Natal e festas 48

6. Maria unida a José 49

Conclusões para a espiritualidade cristã 50

Bibliografia.. 53

A marca FSC® é a garantia de que a madeira utilizada na fabricação do papel deste livro provém de florestas que foram gerenciadas de maneira ambientalmente correta, socialmente justa e economicamente viável.

Este livro foi composto com as famílias tipográficas Lithograph, Lithos Pro e Segoe e impresso em papel Offset 70g/m² pela **Gráfica Santuário**.